もくじ

知識編　理解を深めハラスメントを防ぐ

- ハラスメントへの理解を深める ……………………………………… 4
- パワハラとは何か ……………………………………………………… 6
- セクハラとは何か ……………………………………………………… 7
- アサーティブなコミュニケーションとは …………………………… 8

状況別　ハラスメントを防ぐ話し方・伝え方

Ⅰ パワハラにならない適切な指導をしたい

- お困り事例 Ⅰ-1　厳しく指導しようとしたらパワハラ気味に　10
- お困り事例 Ⅰ-2　ベテランスタッフへの指導がうまくいかない　12
- お困り事例 Ⅰ-3　部下との関係改善を図りたい　14
- お困り事例 Ⅰ-4　ほめ方がわからない　16

Ⅱ 他者のハラスメントに介入する

- お困り事例 Ⅱ-1　部下の指導がパワハラ気味　18
  - コラム1　ダイバーシティ、多様性、価値観の広がりの中で人間関係をどう作っていくのか　21
- お困り事例 Ⅱ-2　上司の発言がセクハラ気味　22
  - コラム2　職場の差別発言にどう対処するか　25
- お困り事例 Ⅱ-3　新人がパワハラを受けたと泣きついてきた　26
  - コラム3　相手からの批判をアサーティブに聴く　29
- お困り事例 Ⅱ-4　上司がまったく聞く耳を持ってくれない　30

まとめ　アサーティブに話すためのポイント

- アサーティブに話すためのポイント ………………………………… 32
- ハラスメントのない職場を目指して ………………………………… 36
- アサーティブな関係を支える4つの柱 ……………………………… 37

- 著者から ………………………………………………………………… 38

理解を深めハラスメントを防ぐ

ハラスメントへの理解を深める

職場において、あからさまなハラスメントは減ってきているのではないでしょうか。しかしながら、ハラスメントに関する相談件数自体はむしろ増える傾向にあります。まずは、ハラスメントはどんな職場でも起こり得る問題であり、被害者にも加害者にもなり得ると捉えることが大切です。

■職場のハラスメントの現状

平成28年度の厚労省の調査によれば、過去3年間にパワーハラスメント（パワハラ）を受けたことがある人は約3人に1人（32.5％）で、平成24年度の約4人に1人（25.3％）よりも大幅に増えています。

また、従業員向けの相談窓口に相談されることの多いテーマ2つを調査した結果、パワハラ、メンタルヘルス、勤労条件、セクシュアルハラスメント（セクハラ）、コンプライアンスが上位にきています。（下図）

> ハラスメントは「メンタルヘルス」、「コンプライアンス」の問題とも関係していることが多く、ハラスメントの問題が働く人の悩みのタネとして、大きな問題となっていることがわかります。

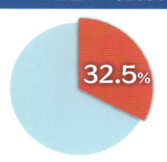

過去3年間にパワハラを受けたことがあると回答した従業員
32.5％

【平成28年度「職場のパワーハラスメントに関する実態調査報告書」より】

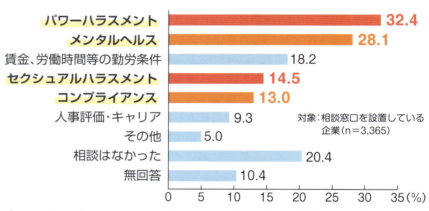

従業員向けの相談窓口で、相談の多い上位2テーマ

パワーハラスメント	32.4
メンタルヘルス	28.1
賃金、労働時間等の勤労条件	18.2
セクシュアルハラスメント	14.5
コンプライアンス	13.0
人事評価・キャリア	9.3
その他	5.0
相談はなかった	20.4
無回答	10.4

対象：相談窓口を設置している企業（n=3,365）

【平成28年度 厚生労働省「職場のパワーハラスメントに関する実態調査報告書」より】

ハラスメントの種類

パワハラ　セクハラ　マタハラ　その他さまざま

ハラスメントにはさまざまな名前がついていますが、「○○ハラ」という言葉にとらわれ過ぎずに、以下のことを考慮すると、その言動がハラスメントにあたるかどうかを判断しやすくなります。

☑ 法令や会社の決まりに違反していないか。（違反は×）

☑ 業務を遂行する上で、必要であるかどうか。（業務に不要なら×）

☑ 「今」の社会の常識（女性差別に限らず、LGBTなど性的マイノリティを含めた性差別は許されない）に照らして、不快になる人がいないか。（不快になる人がいれば×）

知識編

■なぜハラスメント対策が必要か

▶個人および組織へ悪影響

職場におけるハラスメントは、働く人を不当に傷つける社会的に許されない行為です。また、働く人が能力を十分に発揮することの妨げにもなります。それは、企業（組織）にとって、職場環境の悪化や業務効率の低下を招き、利益の追求といった、組織の目的の達成を妨げるものです。

つまり、ハラスメントの問題は、個人に対する許されない行為であるとともに、組織の目的達成に悪影響を及ぼすため、職場として、対策が必要な問題なのです。決して、法的に義務を負っているから対策が必要というだけでないことを理解しておく必要があります。

▶こじれれば、大きなダメージに。予防が大切

職場において、セクハラなどの問題が発生すると、被害者、行為者ともに配置転換や辞職に至る場合があり、職場のモラルや生産性を大きく低下させることが少なくありません。職場で解決できない場合、被害者は裁判に訴えるケースも出てきています。そのようなことにならないためにも、未然の対策が特に重要です。

ハラスメントは、個人、組織にとって、非常に大きなリスクとなることも。
大きな問題になる前に対策をとることが大切です！

■ハラスメントは誰もが加害者、被害者になり得る

セクハラは、男性から女性への性的嫌がらせだけが対象ではなく、女性から男性、同性同士の場合もあります。

そして、パワハラは、上司から部下とはかぎりません。パワハラは「職場内の優位性」を背景としたハラスメントで、その「優位性」は経験やスキル、知識、雇用形態などさまざまな面で発揮されることがあります。

誰もが加害者の立場、被害者の立場になり得ることを忘れないようにしましょう。

■ハラスメント問題における「労働者」とは

正規雇用労働者だけでなく、いわゆる非正規雇用労働者や派遣労働者も対象となります。

正規雇用労働者	パートタイム労働者、契約社員など いわゆる非正規雇用労働者を含む、事業主が雇用する全ての労働者	派遣労働者について 派遣元事業主だけでなく、派遣先事業主も、自ら雇用する労働者と同様に、措置を講じる必要があります。

■ハラスメント問題で「職場」と見なされる場所

オフィス内に限らず、従業員が業務を遂行する場所であれば「職場」に該当します。

取引先の事務所、接待の場

営業の車中

採用面接

出張先

顧客の自宅

飲み会や運動会※

※職務との関連性や参加者、参加の自由度により、職場と見なされます。

取引先や顧客からセクハラを受けたときも、所属組織に相談を！

パワハラとは何か

■ パワハラの定義

職場のパワーハラスメントとは、「同じ職場で働く者に対して、職務上の地位や人間関係などの職場内の**優位性**を背景に、**業務の適正な範囲**を超えて、精神的・身体的苦痛を与える又は職場環境を悪化させる行為」をいう。

厚生労働省の「職場のいじめ・嫌がらせ問題に関する円卓会議ワーキング・グループ」による定義

業務の適正な範囲		
を超えることを強制	→	パワハラ
かどうか判断しづらいことを強制	→	パワハラのグレーゾーン
を問題ある方法で強制	→	パワハラのグレーゾーン
を適正な方法で強制	→	パワハラではない

こんな勘違いしていませんか？

▶ 何かを強制するとパワハラになる。
▶ 相手がパワハラだと思えばパワハラになる。

「業務の適正な範囲に含まれること」を強制すること自体は、パワハラにあたりません。また、相手が不満を感じたかどうかは、パワハラかどうかに影響しません。

■ パワハラのグレーゾーン （まずは職場ごとに適正かどうか判断すべき問題）

● 強制されることが業務の適正な範囲内かどうか判断が難しい。

> **例** 些細なことでも何かと感情的に叱責してくる上司。また一切の弁解を許さない。　▶P.30 事例 II-4

● 業務の適正な範囲内だが、伝え方に問題がある場合。

> **例** 些細なミスを繰り返す部下に長時間に渡る叱責を行う。　▶P.10 事例 I-1、P.18 事例 II-1

指導される側の感じ方は、パワハラかどうかに影響しませんが、パワハラだと感じさせるような伝え方では、モチベーションはあがらず、決して良い指導とはいえません。

完全にアウト
● 違法行為（民事上、刑事上の責任）
● 明らかに業務の適正範囲を超える行為

"アウト"のハラスメントは、許されるべきではありませんし、見逃してはいけません。被害を受けたときは、組織の相談窓口や、信頼できる上司や外部機関に相談しましょう。

パワハラのグレーゾーン
● 業務上必要で適正な範囲内かどうか判断が難しい案件
● 業務の適正な範囲内だが伝え方に問題がある案件

この解決に役立つのがアサーティブです。

パワハラではない
● 業務上必要で適正な範囲内の適切な指導

セクハラとは何か

■セクハラになる言動

法律では、セクハラを2種類に分け、相手の意に反する性的な言動を禁止しています。

対価型セクハラ

職場にそぐわない性的な言動をし、拒否されたことを理由に、相手に不利益な労働条件を課す。

→ セクハラ

典型例

執拗に「飲みに行こう」などと誘う

拒否されたことを理由に → 異動させる。減給する。など

環境型セクハラ

職場にそぐわない性的な言動によって、周りに不快感を与えるなど、職場環境を悪化させる。

- セクハラの意図あり → **セクハラ**
- セクハラの意図なし
  - その言動により、セクハラだと感じる（不快感を持つ）人が多く、今の常識に照らし、あってはならないと判断される、または、過去の判例としてセクハラにあたる。 → **セクハラ**
  - その言動により、セクハラだと感じる（不快感を持つ）人がいるが、今の常識に照らし、あってはならないことかどうかの判断が難しい案件。 → **セクハラのグレーゾーン**

■セクハラのグレーゾーン （まずは職場ごとに適正かどうか判断すべき問題）

● セクハラだと感じている人がいるが、その感じ方に合理性・妥当性がある（今の常識に照らして、あってはならない行為）かどうか判断しづらい言動。

▶P.8、22 事例 II - 2

完全にアウト
- 対価型セクハラ・環境型セクハラ
- 相手を貶めたり、傷つける意図がある、性的な言動

セクハラのグレーゾーン
- セクハラと感じている人がいるが、その感じ方に合理性・妥当性があるかどうかは判断しづらい言動

セクハラではない
- 業務上必要で適正な範囲内の適切な言動

セクハラの意図がなくても、不快感を持つ人が多ければ、セクハラになるという点に注意が必要です。
笑いをとるため、なごませるためという意図であっても、セクハラになり得ることに十分注意しましょう。

アサーティブなコミュニケーションとは

ハラスメントは組織で解決すべき問題ですが、その一方で、きっかけは、個人間の人間関係のこじれであることも多くあります。そのためハラスメントの問題は「表現の仕方」や「コミュニケーションの方法」を変えることで、防げる面があります。

「アサーティブ」とは相手の権利を侵害することなく、自分の意見や要求、感情を率直に、誠実に、対等に伝えるコミュニケーションの方法です。アサーティブな表現ができると、攻撃的になることも受身的になることもなく、「本当に伝えたいこと」が適切に伝わるようになります。

例えばこんなとき、あなたならどうしますか？

状況
隣の席の営業担当のA先輩が、電話口で「……承知いたしました。それではこの案件はうちの女の子に担当させますので、〇〇についてはよろしくお願いいたします」と話すのを聞いて、あなたは「うちの女の子」という言葉にカチンときてしまいました。

❶ 先輩が受話器を置くと同時に「"うちの女の子"って何ですか、それってセクハラじゃないですか」ときつく言う。

❷ 先輩だし、お客さんとの話だし、と思って、何も言わずに黙っている。

❸ 「女子社員に対して"うちの女の子"と呼ぶのは不快です」と、上司をCCに入れてメールする。

❹ 「Aさん、お客さんとの対応の中のことだとはわかりますが、"うちの女の子"という表現は不快になる人もいますので、今後は気をつけていただけないでしょうか」と率直に伝える。

あなたの対応は、どれに一番近いでしょうか。
アサーティブな対応は❹で、自分も相手も尊重しつつ、自分の気持ちを誠実に率直に伝えています。

❶の対応では、険悪な関係や良くない雰囲気になってしまう可能性が高いでしょう。

❷では、解決はしません。

❸では、険悪な関係になる可能性がありますし、問題が大きくなり過ぎる可能性もあります。

❹のように率直に伝えるのが最も解決に近づく方法ではないでしょうか。

　アサーティブなコミュニケーションを心がけると、お互いの考え方や感じ方を大切にした上で、話し合いを通して問題解決に向かっていけるのです。

アサーティブでできること

アサーティブな伝え方を身につけると、ストレスに強くなる、自信が持てるようになるなど、仕事にもプライベートにも大きなメリットをもたらします。ここでは、アサーティブなコミュニケーションがハラスメントの防止にどのように活用できるかに特化してご紹介します。

適切に指導できるようになる（パワハラ予防＋良いコミュニケーション）
- パワハラだと感じさせることなく、効果のあがる（伝わる）指導ができるようになる。
- 「部下がなかなか理解しない」「自分の思いが伝わらない」などのコミュニケーション上の問題が減り、自信を持って部下の指導にあたれるようになる。
- 相互に尊重したやりとりができることで、チームの士気が高まる。

ハラスメントのグレーゾーンが大きな問題になる前に解決できる
- 伝えづらいことであっても、問題が小さなうちに率直に伝えられるようになる。
- 相手を責めずに、話し合いによって解決を目指すため、ハラスメントのグレーゾーンを解決しやすくなる（悪意のない相手をハラスメントだと責めると問題はかえって大きくなる可能性がある）。

厳しい上司とも向き合えるようになる
- 厳しい上司に対して、必要以上に怯えることも構えることもなく、話ができるようになる。

自分に自信が持てるようになる（コミュニケーション上のストレス低下）
- 性格の問題ではなくコミュニケーションの問題として対処できることで、「悪いのは誰か」という犯人探しでなく「どうしたらよいか」を前向きに考えられるようになる。
- 人間関係の問題が生じても、対応に自信が持てるようになる。

アサーティブなコミュニケーションがとれるかどうかは性格でなくスキルの問題

おとなしい性格でもアサーティブになれる

　引っ込み思案の人は、自分の性格では「アサーティブなんてとても無理」と思うかもしれません。また、明るく社交的な人は「アサーティブなんて必要ない」と考えるかもしれません。

　しかし、性格とアサーティブに話せることとは必ずしも一致しません。相手にとって耳が痛いことや感情的になりそうなことがらを相手を尊重しつつ率直に伝えることは、誰にとっても難しいものです。

　アサーティブなコミュニケーションをするために性格を変える必要はありません。必要なのは考え方を柔軟にした上で、伝え方のスキルを身につけ、必要に応じてコミュニケーションのとり方を自分で選択できるようになることです。

ハラスメントを防ぐ話し方・伝え方

Ⅰ パワハラにならない適切な指導をしたい

誰かを指導する立場になれば、厳しく指導しなければならない場面も出てきます。指導は適切に行わないと、指導する側、される側、双方のストレスの原因となります。パワハラにならずに適切に指導できるようアサーティブな表現方法を学んでいきましょう。

お困り事例 Ⅰ-1

厳しく指導しようとしたらパワハラ気味に

状況　指導しているつもりが改善されない

あなたは、担当業務について経験の浅いAさんを指導する立場。
Aさんは、仕事を抱え込みがちで、なかなか進捗状況を報告してくれない。
「どうなってる？」と聞くと「大丈夫です」と答えるのだが、締め切り直前になり、準備不足ということが何度か繰り返されている。

▼ こんな会話になっていませんか？ ▼

指導内容が適切であっても、伝え方に問題があり、Aさんは一方的に責められたと感じており、上司の期待や心配が伝わっていないことがさらに関係を悪化させています。

状況別

この事例の目的 前向きで伝わる指導がしたい！

ポイント❶ 「人」ではなく「事」にフォーカスする

「ミスをするあなたが悪い」と、相手という「人」にフォーカスして話し始めると、相手は責められたと感じて防衛的になります。話し合いの目的は、相手を攻撃することではなく、こちらのメッセージを理解してもらうことなので「人」ではなく「事」にフォーカスして事実を伝えましょう。

そうすることで、相手は責められたと感じることなく、問題を理解し、あなたの提案に対して協力しやすくなります。

> 例「締め切りに間に合わずぎりぎりになることが続いている」「私が進捗状況をフォローできず全体のスケジュールの遅れにつながっている」など。

ポイント❷ 気持ちを言葉にする

「スケジュールの遅れを心配している」など、気持ちを適切に言語化します。相手に対する期待があるからこそ、腹が立ったりイライラしたりするのです。「期待感」や「心配」などを言葉にすることで、相手にストレートに伝わりやすくなります。

> 例「大丈夫かなと心配している」「頑張っているのに、もったいない」など。

> ここに注意 「みんなが迷惑している」「他のメンバーが怒っている」など、第三者を含めると、一対多となり相手を追い込んでしまうので、なるべく一対一で伝えます。

ポイント❸ 要望は具体的に、的を絞って1つだけ

要望や指示は、できる限り具体的な言葉を使いましょう。思いを伝えるだけではなく、何をいつまでにどのように進めたいのかを伝えます。

また、要望はなるべく1つに絞りましょう。「期日を守って、相談をして、お客さんへの対応は○○して…」など複数出しても、相手は受け止められません。

> 例「定期的に報告してほしい」➡「週に1回、月曜日の午後に口頭で」
> 「きちんと片づけてほしい」➡「机の上に何もない状態にしてほしい」など。

「○○してほしかった」と過去のこと責めずに「これからは○○してほしい」と未来に向かって伝えることもポイントです！

Ⅰ パワハラにならない適切な指導をしたい

お困り事例 Ⅰ-2

ベテランスタッフへの指導がうまくいかない

状況 ベテランスタッフが自分のやり方を変えない

あなたは現場の責任者（グループリーダー）。
最近、現場の作業ルールが変わったが、ベテラン派遣社員で職人肌のBさんがこれまでのやり方を変えない。「新しいルールを守ってください」と伝えても反発されて困っている。

▼ こんな会話になっていませんか？ ▼

二人の会話は険悪な方向に進んでいます。「ルールだから」という指摘が、Bさんには一方的で威圧的な指導のように受け止められています。

職場のコミュニケーション お助けポイント

▶ **年上の部下とアサーティブに話すヒント**

相手が年上であっても、職責として必要なことは、対等で率直な姿勢で話すことが大切です。その一方で、相手の経験や考え方に敬意を示すことを忘れないようにしましょう。また、必要があれば、普段の仕事への感謝も言葉にしましょう。

この事例の目的　反発を招かずに言うべきことを伝える

ポイント❶　「言いづらい」ことを正直に伝える

言いづらいことを切り出すときは、自分の気持ちを正直に開示すると、落ち着いて話を始めることができます。気持ちを開示すると、相手は耳を傾けやすくなります。

> 例：「とても言いづらいことですが、大事な話なので聞いていただけますか」など。

ポイント❷　組織としての問題点を伝える

この事例の場合、本人が良かれと思って行っていることが、周囲にネガティブな影響を与えていることを正しく理解してもらう必要があります。そのためには、実際に起こっている問題点や懸念を客観的に説明します。

> 例：「若手がルールの重要性を理解しないことで、ミスにつながるリスクがある」
> 「ベテランのBさんの真似をすることで、現場で効率が悪くなっている」など。

ここに注意　「あなたのせいで周りのモチベーションが下がる」など、相手を責める言い方はしないようにしましょう。

ポイント❸　自分の責任も認める

ルールを守らないBさんだけが「悪者」なのでしょうか。実は、ルールの重要性について十分伝えてこなかった点でこちら側にも責任があります。責任は自分と相手両方にあるのですから、自分の側の責任を認めた言葉を加えます。

自分の責任を認め、それを誠実に表現すると、対等で率直な話し合いを進めやすくなるでしょう。

> 例：「ルールの重要性の説明が不十分だったことを、反省しています」
> 「私ももっと早くお話ししておくべきでした」など。

ポイント❹　「協力をお願いする」スタンスで

相手には相手なりの考えや思いがあります。それを十分に認め、「協力を求める」スタンスで臨むことで、話し合いはスムーズに進みます。

ここに注意　ベテランの部下に対して「注意してやろう」「指導しなくては」というスタンスで臨むと、反発や対立を生みやすくなります。

Ⅰ パワハラにならない適切な指導をしたい

お困り事例 Ⅰ-3

部下との関係改善を図りたい

状況 感情的に怒ってしまった

あなたは、何度もミスを繰り返す新人のCさんの上司。
何度言ってもミスが減らないCさんに、とうとうある日、感情的に「どうして何度言ってもわからないんだ。いい加減にしなさい！」と皆の前で怒鳴ってしまった。Cさんは、その後は自分の前で萎縮したまま、目も合わせてくれない状態になってしまった。

▽ こんな会話になっていませんか？ ▽

失敗例

① 君、この前わたしが言ったことを覚えてますか。／はい…

② 君があまりにも何度も同じことを言わせるからついカッとなってしまってね。／……….。

③ 私が何を言いたかったか、C君はわかっているよね？

④ 君のミスがなくなれば、私も怒らなくてすむんだから、ちゃんとミスはなくしていかなくちゃ。／がんばってくれよ／がんばります…

相変わらずCさんを責めてお説教モードになっています。このままではCさんはますます追いつめられていると感じ、関係は悪化していくでしょう。

職場のコミュニケーション お助けポイント

▶ **怒りをコントロールするヒント**

怒りの感情は時間をおくと冷静に対処できることも多いので、瞬間的に怒りを撒き散らさないようにすることが大切です。少し時間をおいてクールダウンし、怒りの感情の裏にある感情に気づく（P.32 相手を尊重しつつ自分の気持ちを誠実に伝える）ことで、怒りを感じたあとの行動は、大分前向きなものになります。

この事例の目的 言い過ぎてしまった部下へのフォロー

ポイント❶ フォローはなるべく早く

人間誰しも、感情的になってつい言い過ぎてしまうことはあるものです。怒ってしまったときのためにアサーティブなフォローの仕方を身につけておきましょう。

ポイントは、なるべく早く（可能であれば1〜2日以内に）、声をかけること。相手は気持ちが萎縮している場合が多いので、こちらから率直に声をかけることで、関係改善のスタートを切ることができます。

ポイント❷ 率直に謝る

短く、率直に「自分の行動について」謝罪します。

> 例
> 「一方的な言い方になってしまって悪かった」
> 「皆の前で声を荒げてしまったのは、申し訳なかった」など。

> ここに注意
> 自分がなぜ言い過ぎてしまったのかの理由を長々と弁明すると、お説教になります。また「自分が言い過ぎたのは君のせいだ」と、相手を理由として自分の行動を説明するのもNGです。

ポイント❸ 自分の「真意」を伝える

自分が本当に伝えたかった真意（何を要望したかったのか）を、具体的に端的に伝えます。これは自分の「怒り」のもとにある、期待や希望を端的に伝えて、自分の要望を具体的に表現することです。

> 例
> 「君にもっと成長してほしいと思っている」
> 「お客さんに迷惑をかけることは絶対に避けたいと考えている」など。

ポイント❹ 自分の行動の改善点を伝えてさわやかに終了する

相手に何かを変えることを求めるだけではなく、自分は何を変えられるのか、自分が変えようと思う行動についても少しふれておきましょう。「これからは皆の前ではなくて、別の場所で話すように気をつけるよ」など。

率直に伝えたら、話はさわやかに終わらせます。長々と続くと、お説教モードになってしまうので、要点を伝えたら話を終了させます。短めに、さわやかに、率直に、を心がけましょう。

Ⅰ パワハラにならない適切な指導をしたい

お困り事例 Ⅰ-4

ほめ方がわからない

状況 部下のほめ方がわからない

あなたは、接客を担当するDさん（2年目）の指導係。Dさんは、頑張ってはいるが、あなたから見るとまだまだ力不足の点も多い。先日、上司から「もっと若手をほめるように」と言われたが、いったいどのようにほめたらよいのかわからず困っている。

▼ こんな会話になっていませんか？ ▼

失敗例

「頑張っている」「すごい」など、一生懸命ほめているつもりなのですが、言葉があいまいなため相手にあまり理解されていません。

◤職場のコミュニケーション お助けポイント

ほめられる立場のとき　〜ほめ言葉を受け取るポイント

ポイント1 「いえいえいえ」「全然ですよ」「あなたの方がすごいですよ」など謙遜し過ぎずに、相手のほめ言葉を素直に受け取り、「うれしいです」「ありがとうございます」などと伝えましょう。

ポイント2 照れたときはそのまま伝えます。
「ちょっと照れますが、うれしいです」とそのときの気持ちを素直に伝えましょう。

状況別

この事例の目的　相手のやる気が出るようなほめ方をしたい

アサーティブな会話例

ポイント① 誰かと比較しないでほめる（比較するのは過去の本人だけ）

　誰かと比較した表現は誰かを「下げる」ことになり、相手は素直に喜べません。伝え方によっては「〇〇さんだってすごいですよ」といった気遣いをされてしまうこともあります。

　また、「若いのに／男性なのに／派遣なのに、よくやってるね」などの表現は上から目線となって伝わり、相手はうれしくありません。

　本人の成長を伝えるためには「過去の本人と比べる」ことが原則です。

ここに注意 ほめるときに他人と比較するのはNGです。

NG例
- ✗「私はPC操作が遅いのに、あなたは早くてうらやましい」
- ✗「業務の到達レベルは同期のY君よりもずっとすごいよ」など。

ポイント② 具体的に、率直にほめる

ほめ言葉を相手の心に届けたいのであれば、「的を絞って具体的に」伝えます。

「この前の報告書、良かったよ」　→　「昨日提出してくれた報告書、非常にわかりやすくまとまっていて良かった。助かったよ」

「いつも頑張ってるね」　→　「さっきの電話対応、心がこもっていて、お客様の心をつかむ対応だったと思うよ、本当にいつもありがとう」

ポイント③ 普段からよく見て、よい点を探す

　相手へのほめ言葉を、具体的に率直に伝えるには、普段から「相手をよく見ておく」必要があります。成長した点や頑張っている点をたくさん見つけましょう。たくさん見つけることで、ほめ言葉のバリエーションが増えてきます。

ほめ言葉のやり取りは、良い人間関係を築く土台となります。
良いなと思ったら意識して言葉にしてみましょう。

II 他者のハラスメントに介入する

目撃したり、相談されたりすることも多いハラスメントの問題ですが、ハラスメントのリスクのある人にどう介入してよいかわからないという悩みも多く聞かれます。ここでは、グレーゾーンのハラスメント（P.6-7）への「介入の仕方」について考えてみましょう。

お困り事例 II-1

部下の指導がパワハラ気味

状況　部下の新人指導が厳し過ぎる

あなたの部下のEさん（主任）は、30代後半で、新人の指導を担当している。熱心なのだが、指導が厳し過ぎるように見えることがある。先日も、新人に対して長時間叱責したので「もう少し優しく指導してくれないか」と伝えた。Eさんは「わかりました」と答えたが、その後も変わる様子がない。このままだと新人が辞めてしまうかもしれない。

▼ こんな会話になっていませんか？ ▼

Eさんの指導の全てがダメであるかのように伝わってしまい、Eさんは反発して、新人との関係がさらに悪化してしまいそうです。

状況別

この事例の目的　新人のやる気を奪わない指導に変えてもらいたい

アサーティブに解決することの前提は、「人」を責めることではなく、相手の振る舞いや行動が起こしている「問題」を「一緒に解決」していこうという前向きな考え方を持つことです。

ポイント❶　肯定的に始める

相手の考えや頑張りを認め、肯定的に始めます。そうすることで「あなたを責めたいのではない」という姿勢が示せ、相手に話を聞いてもらいやすくなります。

これは決して「上げて落とす」という意図ではありません。大事な話をするときに否定から入らないということです。否定的に決めつけられると、相手は身構えてしまい、肝心なメッセージが届かなくなるのです。

例　「いつも熱心に仕事に取り組んでくれていて、とても頼もしく思っています」
「最近、お客様への対応がとても気がきいたものになってきている点、大変評価しています」など。

ポイント❷　客観的な事実を伝え、問題点を説明する

パワハラのグレーゾーンに対して介入するときは、その行動がどのような問題をはらむのかを、丁寧に説明します。

あくまで、相手の行動の結果生じる「問題」にフォーカスしながら、説明をしていきます。

ここに注意　「厳し過ぎる」「一方的で威圧的だ」などという指摘は、主観的であいまいなため、相手は攻撃されたと感じて反発します。

例　「指導時間が長いことで、指導のポイントがぼけてしまい、本人に伝わっていない状況が問題である」
「周りの新人も怖いと感じて、あなたに相談すべきことが私のところに来るようになった」など。

19

ポイント❸ 自分の気持ちを誠実に開示する

感情的になることなく、感情を「言語化」します。その際に、起こっている問題、あるいは組織へのリスクに対する自分の誠実な気持ちを言葉にします。相手を説得するためではなく、むしろ自分の考えや思いを正しく理解してもらい納得してもらうための感情開示ですので、誠実に率直に自分の気持ちを伝えることが大切になります。

> 例
> 「このような問題が生じることを、私はとても心配している/懸念している」
> 「Eさんの影響が大きいので、正直まずいと思っている」など。

ポイント❹ 具体的な提案をして協力をお願いする

目的は「新人指導を良い形で進めること」です。そのためにEさんができることを1つ、具体的な提案としてお願いします。

時間が長いことが問題であれば「指導の時間は5分程度に留めてもらえないか」、皆の前での指導が問題であれば、「なるべく一対一で指導をお願いしたい」と、具体的なアクションとして提案をします。

その上で、自分のフォローを含めて伝えて協力をお願いします。

> 例
> 「私からも新人フォローをしっかりしていくので、Eさんにはぜひ引き続きお願いしたいと思います」
> 「Eさん一人ではなく、チームで協力できるように私からも声をかけておくから」など。

 「もっと優しく指導してください」「相手への思いやりを忘れないでほしい」などの抽象的な提案は伝わりません。

その他のポイント 相手の言い分をよく聞いて理解する

相手には相手の考えや事情、プライドがあります。相手の事情や考えを理解することで、話し合いがスムーズに進み、合意に至りやすくなります。自分の気持ちを伝えたら今度は相手の言い分に真摯に耳を傾けましょう。

Eさんの考えは何でしょうか、どのような理由でそうした行動になっているのでしょうか、それを理解することで、合意に至る道が見えてきます。

> 例
> 「○○君の指導で、どのあたりが難しいと感じているか教えてもらえますか」
> 「新人が相談しづらくなっている状況に、心当たりはありますか」など。

その他のポイント 自分の責任を認める

事例❶-② でも取り上げましたが、相手に100%の責任があるのではなく、自分自身も当事者としての責任があることを誠実に認めましょう。この問題が長引いてしまった、あるいは大きくなってしまった責任の一端は自分にもあるということを認めて、それを誠実に言葉にします。

あなたのそうした誠実な態度が、相手の心に届く力になります。

> 例
> 「○○君の指導をまかせっきりにしていたことは、申し訳なかった」
> 「私ももっと早く、新人のフォローに関わるべきだったかもしれない」など。

アサーティブな介入は、こちらが正しくて相手が間違っているという「説得」ではありません。双方が合意できる「納得」を目指すものですから、相手の言い分に十分に耳を傾けた上で、自分自身はどう思っているのかについて、誠実に率直に言葉にしていきましょう。

状況別

～職場の人間関係をもっと円滑にするために～ **コラム❶**

ダイバーシティ、多様性、価値観の広がりの中で人間関係をどう作っていくのか

かつて職場の人間関係は、時間をかけて作るものであり、飲みニケーションや社内のイベントを通じて「自然に」生まれるものでした。しかし近年は、組織がフラット化、多様化、複雑化、デジタル化する中でお互いを知る機会が減少し、関係作りよりも、結果を出し、効率を上げることの方が優先されるようになりました。その結果、人間関係は「意識し、努力しないとできないもの」に変わってきました。

▶信頼関係がないと伝わることも伝わらない

人間関係ができていないとどうなるのでしょうか。感情的になりそうな問題や対立を生むリスクのある課題について、それほど関係のできていない相手を批判したりネガティブな意見を伝えたりすると、「自分のことを知らないくせに、文句だけ言う」と、相手はこちらの意図や理由よりも、言葉尻に反応して反発してしまいます。私たちにとって「何を言われたか」よりも、「誰に言われたか」ということの方が重要だからです。どんなに正しい批判であっても、それが信頼関係のできていない相手からの批判だと、相手は素直に受け取ってくれません。「耳の痛いこと」でも、信頼できる相手から投げられるものであれば、真摯に受け止めようと思うものなのです。

▶信頼関係を築く伝え方はスキルとして身につけておく

ハラスメントに関わる相談の多くが、職場の人間関係が起因となっていますので、日頃からコミュニケーションを意識して信頼関係を築いていくことが、遠回りのようで一番確実な道となります。飲み会やイベント参加という「オフ」の場だけではなく、業務の中で、相手との信頼関係を築く努力を、私たちはしていく必要があるでしょう。

相手は自分とは価値観も考え方も異なる人です。だからこそ「言えばわかる」というスタンスではなく「伝わるようにするにはどうすればよいだろうか」と考える癖をつける、と同時に「実際の伝え方」をスキルとして身につけることで、対立する場面でも自信を持って適切に対応できるようになってきます。

▶日頃の小さなコミュニケーションを積み重ねる

相手は自分とは異なる「他者」であるということを意識して、コミュニケーションをとります。基本的なスタンスは相手の話を「理解しようとして聴く」ことです。これについては後述のコラム（P.29）を参照ください。

自分からできることとしては、

❶ 挨拶や声かけ
❷ 雑談や世間話
❸ ポジティブな意見や感情を伝える（ほめ言葉の伝え方　P.16-17 事例 Ⅰ-④ ）
❹ ネガティブな意見や感情を伝える

特に❹は、伝え方を間違えると関係が悪化するリスクがあります。一方で、❹を回避しようとすると、自分の言いたいことを飲み込んでストレスを抱えることになります。ストレスや怒りがたまると、些細なことで感情が爆発し、相手を傷つけることになりかねません。❹に適切に対応できるようになるためにも、本書を活用してチャレンジしてみてください。

Ⅱ 他者のハラスメントに介入する

お困り事例 Ⅱ-2

上司の発言がセクハラ気味

状況 上司がハラスメントの疑いがあることを口にしている

あなたは、係長という立場。
先日、部下の女性社員が「F課長にセクハラを受けた」と言ってきた。F課長が若い女性社員に「あなたも私みたいにさっさと子どもを産んだ方がいいわよ」と、アドバイスしているとのこと。また、この発言は、何度目かであるとのこと。

▼ こんな会話になっていませんか？ ▼

上司に重要性を伝えることができず、アドバイスだという反論に対応できずに終わってしまいました。

職場のコミュニケーション お助けポイント

▶ **プライベートに踏み込んだ勝手なアドバイスはハラスメントの可能性**

アドバイスは、求められたときにしてこそ役立ちます。プライベートに踏み込んだ、望まれていないアドバイスは、ハラスメントと思われても仕方ありません。アドバイスとして聞く耳を持ってもらえるか、ハラスメントとして受け止められるかは、日頃の人間関係の下地ができているかどうか（P.21）も関係してきます。

ポイント1　率直に、端的に切り出す

上司に対しては簡潔に切り出します。何を言われるだろうか、どんな反応が来るだろうかという怖れや不安を横に置いて、まずは「率直」に切り出します。

忙しい上司に重要なことを率直に伝えるのですから、回りくどい言い方よりもストレートで率直な態度で始める方が、これから話すことの重要性を伝えることができます。

> **例**　「お忙しいところ申し訳ありません。実はご相談があります」
> 「課長、実は心配していることがあるのですが、お話してもよろしいですか」など。

ポイント2　相手の気持ちを理解し共感を示す

上司の気持ちを理解して共感の言葉を伝えましょう。共感を示すことで、上司を孤立させず、こちらが上司個人を責めるスタンスでないことが伝わります。相手は、あなたが理解しようとする姿勢を見て、心を開きやすくなります。

> **ここに注意**　責め口調にならないように注意しましょう。

> **例**　「ちょっとしたアドバイスのつもりだったことはわかりますし、彼女への理解を示そうとされていたのですよね」
> 「若手にキャリアを続けてほしいと伝えたくて、つい出てしまった言葉だということは、よく理解しています」など。

ポイント3　上司が変えられる行動を提案する

上司に協力をお願いするつもりで、上司が「できること」を1つ具体的に提案します。

単に「気をつけてください」と言うのではなく、何をどのように気をつけて行動してほしいのかなど、一歩踏み込んだ提案になるよう、心がけてください。

> **例**　「『結婚しないの？』などの個人の生き方に関わることは、たとえお酒の席でもしないように、気をつけていただけないでしょうか」など。

ポイント4　自分ができることを伝える

自分ができるサポートを具体的にはっきり伝えておきます。
あなたが上司の味方であり、問題解決のパートナーであることを真摯に伝えることができれば、ハラスメントの介入はずっとスムーズに進んでいくでしょう。

> **例**　「私自身も気をつけますし、他の管理者にも話してみます」
> 「若手の悩みについては、私の方でしっかり聞いてサポートしていきます」など。

> この話し合いの目的は上司に非を認めさせることではなく、問題の重要性を指摘し、マネジメント上の課題について、一緒に協力して解決することです。

職場のコミュニケーション お助けポイント

相手の反応が本心とは限らない　〜嫌だと言いにくい被害者の心理を知ろう〜

セクハラだと訴えられた人の言い分として「嫌がっているように見えなかった」「相手も喜んでいた」というのがあります。被害者側には「拒否したら、嫌がらせをされるかもしれない」「目上の人に逆らえない」という心理が働き、はっきり「NO」と態度で示せないことがあることを認識しておきましょう。

また「この言動は許されるだろう」という自分の感じ方・価値観を基準にした判断は禁物です。特に性に関する感じ方は、人によって大きなギャップがあることを覚えておきましょう。

> いわゆる「いじり」も危険！
> いじられた本人が笑っていても、内心は傷ついている可能性があります。

状況別

~職場の人間関係をもっと円滑にするために~ コラム❷

職場の差別発言にどう対処するか

職場の差別発言の中にも「グレーゾーン」はあります。法律や制度が整備され、ハラスメント対応の窓口が設置されても、いわゆる"空気"に相当する偏った見方、"常識"から生まれる無自覚の差別発言や飲み会での冗談、揶揄などは、対応の難しいグレーゾーンです。

▶小さなことに声を上げる勇気

最近では、男性から女性へのセクハラだけではなく、同性同士の発言もセクハラに相当するようになりました。また、"LGBT"という言葉の認知も広がる中で性的指向や性自認(SOGI)への理解も進み、職場の研修でも取り上げられるようになっています。とはいえ、日常の中で発せられる差別発言に対して適切な対応をとらない、または気づかないでいると、職場の士気に大きな影響を与えてしまいます。右の図を参照ください。アサーティブなコミュニケーションや人間関係は、ピラミッドの一番下の段に相当します。日常のコミュニケーションが互いを尊重したものであることが、ハラスメントを防止する土台なのです。

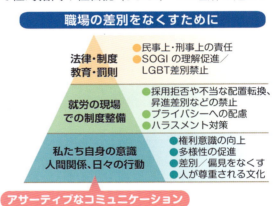

▶何気なく発せられる差別発言

ここでは、対応の難しい小さな差別発言への対応策について考えましょう。

状況 職場の飲み会の席であなたは、同期で営業成績トップのA君の話題が出ているのを耳にしています。「Aって、めっちゃ仕事ができるし、イケメンだし、性格もいいのに、学生時代から一度も彼女いないんだって」「もしかして、そっち系なのかな」「それって、やばくない?」(笑)

あなただったら、どうしますか。

❶「セクハラだから、言うべきじゃない」とはっきり言って、飲み会の席が一瞬凍る
❷ 何も言わないで黙って席を立つ
❸ 社内一斉メールで、「LGBTへの理解を深めましょう」と流す
❹ アサーティブな対応をする

▶「同意しない」とサラリと伝える/理解者を増やす

アサーティブな対応には2通りあります。一つは、なるべく早いうちに自分の意思表示として、「同意しない」ことをサラリと伝えることです。

「そうかな、自分はそうは思わないな」「そうじゃないケースもあるし。やめておかない? その話題」など責め口調にならないように、対等に、率直に、「サラリ」がポイントです。

もう一つは、発言者にアプローチして理解者になってもらうことです。具体的には **事例 Ⅱ-2** で取り上げたように、発言した相手の気持ちを汲みつつも、事の重要性を理解してもらい、発言を控えてもらえるように協力を求める、というやり方です。

いずれにしても、対応は簡単ではありませんが、差別発言に対して「私たちは無力ではない」ことを知っておくだけでも大きな一歩になるでしょう。また、実際に言葉に出して伝えることは、勇気もスキルも必要となりますので、本書を使って何度か言葉にして練習されることをお勧めします。

II 他者のハラスメントに介入する

お困り事例 II-3

新人がパワハラを受けたと泣きついてきた

状況 新人が辞めたいと言ってきた

新人のG君が「係長からパワハラを受けたので辞めたい」と主任のあなたに申し出てきた。係長は日頃から厳しい人だが、あなたは、それが即パワハラであるとは考えていない。G君の気持ちも理解できるが、ここはパワハラだと受けとるのではなく、これをバネに成長してほしいと考えている。どのように話せばよいか。

▼ こんな会話になっていませんか？ ▼

G君の気持ちを受け止めることなく、自分の判断を伝えたため、G君は自分が理解されていないと感じて、ますます頑なになっているようです。

ポイント❶ 気持ちを理解して言語化する

まずは新人の気持ちを十分に聞いて理解し、相手が感じていることを、こちらで適切に言語化してあげます。

ここに注意　「そんな感じ方はおかしい」と、相手の感じ方を否定しないように。相手がそう感じているのは事実なので、受け手が正しく言葉にしてあげます。

例　「ダメだと言われることが続いて、へコんじゃったんだね」
「一方的に言われている気がして、きついんだよね。わかるよ」など。

ポイント❷ 客観的な事実を質問しながら確認する

次に、G君がパワハラだと感じた具体的な事実を丁寧に聞き出します。その際に、オープンクエスチョン（イエス、ノーで答えられない考えを聞き出す質問）にして、なるべく多くの事実を探り出します。

実際に起こった事実を丁寧に聞き出し、G君がパワハラだと感じた根拠となる事実を理解します。

例　「そんな風に感じたのは、具体的に係長のどんな言葉なのか教えてくれる？」
「毎日言われるということだけど、毎回同じ件なのか違う件なのか、状況をもう少し教えてくれますか」など。

ポイント❸ 相手の要望を確認する

相手はこの事態に対して「辞める」以外にどんな要望を持っているのでしょうか。相手が望んでいることは何かをなるべく具体的に聞き出します。

これは、オープンクエスチョンではなく、クローズドクエスチョン（択一で答えられるような、回答範囲を限定した質問の仕方）で、複数の選択肢を提示する方が、相手は答えやすくなります。

例　「具体的には係長にどうしてほしいのかな、時間をとって口頭で説明してほしいのかな、それとももう一度やり方を教えてほしいのかな。ミーティングを持ちたいのかな、どれだろう。」など。

ポイント❹ 話をしてくれたことに感謝して、いったん引き取る

新人が話をしてくれたことに感謝しましょう。あなたに話せてよかった、あなたには相談できると思ってもらえれば、解決に向けての大きな一歩を踏み出すことになります。自分の判断を言う前に、話してくれた相手に気持ちを伝えて、いったん引き取ります。

例　「話してくれてありがとう。君が何に悩んでいるかよくわかったよ」
「言いづらかったのに、言ってくれて嬉しかったよ。この状況を私もよく考えて、私なりにどんな対策ができるか考えてみるからね」など。

ポイント❸ の「相手の要望を確認する」は大変重要です。
新人は往々にして感情的になり、その勢いで「辞める」などと言うこともあるからです。気持ちを受け止めてもらい、事実を一緒に確認してもらい、その上で自分の望みを明らかにしてもらうことで、徐々に落ち着いて状況を考えられるようになってきます。受け入れられ、理解されたと思うことで、感情的な行動は落ち着いてくるのです。

辞めたいということは、重い事実でもあります。
新人への接し方について、**事例Ⅱ-1** のように相談することができますし、新人には、「係長にちゃんと話をしておいたから、もう少し頑張ってみようよ」ということができるでしょう。

~職場の人間関係をもっと円滑にするために~ **コラム③**

相手からの批判をアサーティブに聴く

「アサーティブなコミュニケーション」は、自分の意見を伝えることだけではありません。とりわけハラスメントに関わる難しい場面でコミュニケーションを取ろうとする場合、相手からの反論や攻撃、批判の言葉が飛んでくることは避けられません。こちらの主張に対して、人はそう簡単に「イエス」とは言わないからです。したがって、対立する場面でのアサーティブな"聴き方"についても、ここで整理をしておきましょう。

▶反撃するか黙るか、それともアサーティブに対応するか

相手から感情的な反論やきつい批判が飛んでくるとき、普段どのように反応していますか。多くの場合、私たちの反応は2通りです。一つは「よくも言ったな」「言った相手が悪い」「売り言葉に買い言葉」（反撃）、もう一つは「言われるのは自分が悪い」「対立は避けたい」（沈黙）です。反撃でも沈黙でもなく、喧嘩の土俵に乗ることもなく、相手の言い分を理解し、建設的な対話にもっていこうとするのが「アサーティブな聴き方」です。

相手からの批判や攻撃に足元をすくわれないために、アサーティブな対応スキルも身につけておきましょう。

▶アサーティブな4つの聴き方

攻撃してくる相手には、相手なりの言い分があります。それを理解するためには、アサーティブな聴き方が役に立ちます。

具体的には4つの聴き方があります。

- **黙って聴く**： さえぎらないで真摯に聴く
- **共感する**： 相手の気持ちに共感する「心配なんですね」「危惧しているんですね」など。
- **掘り下げ質問**：相手の言い分をさらに理解するために、深く聴く
  「○○ということですが、もう少し具体的に教えていただけますか」など。
- **確認質問**： 自分が理解したかどうかを相手に確認するために聴く
  「なるほど、つまり○○についての話をしたいということですね」など。

落ち着いて質問や確認を繰り返しながら、相手の言葉の裏にある本当の気持ち、事実、そして要望を適切に言語化することができれば、話し合いは建設的な方向に進んでいきます。

▶心のスタンスは相手に伝わる

とはいえ、単に質問すればよいというものでもありません。私たちがどのような意図で聴いているのかは、思った以上に相手に伝わります。私たちがどのような心のスタンスで相手に質問しているのか、相手を本当に理解しようとしているかどうかは、相手にズバリ伝わっていると思って間違いありません。

こちらが反論しようとして聞くと、相手は必ず防御的になります。そうではなく、本当にあなたの言葉の理由を知りたいのだ、あなたの言い分を理解したいのだという思いで向き合い質問すれば、相手の心は開いてきます。

自分には自分が見ているストーリーがあるように、相手にも相手側のストーリーがあります。相手のストーリーに真摯に耳を傾け理解してはじめて、対等に話し合う土台ができるのです。「相手の理解のために聴く」プロセスは、ハラスメント予防のコミュニケーションに不可欠な要素であることを、肝に銘じておいてください。

Ⅱ 他者のハラスメントに介入する

お困り事例 Ⅱ-4

上司がまったく聞く耳を持ってくれない

状況　上司に反論したいがうまくいっていない

あなたの上司、H課長は、些細なことに腹を立て、あなたを呼び出し、叱責してくることがたびたびある。反論したいのだが、なかなかうまくいかない。先日も新人のミスを知ったH課長は、「どうしてこんなことになったの！あなたの指導がなってないからでしょう！」と激怒。

▼ **こんな会話になっていませんか？** ▼

上司のH課長に、自分の「ノー」をうまく伝えることができずに、かえって評価を下げる結果になっています。

この事例の目的　上司に建設的な反論をしたい
（マニュアルを頼まれた後の反論）

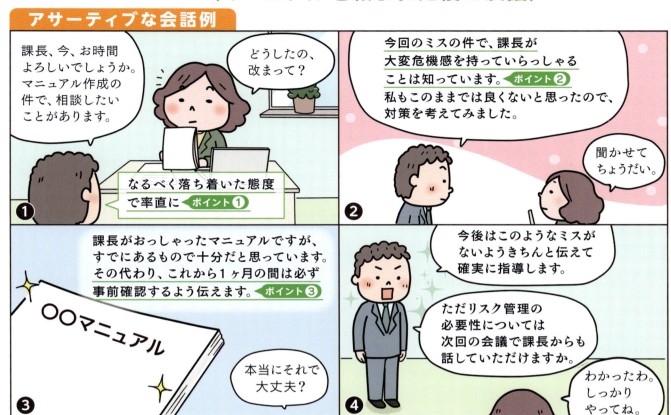

ポイント❶　ボディランゲージを堂々とさせる

伝えるときの態度も大切です。必要以上に卑屈にならないで、背筋をまっすぐ伸ばして上司の顔を見ながら落ち着いた態度で話をします。自信を持った態度がとても大切です。それは、決して好戦的な態度ではありません。自分自身の意見を持ち、それを大切にしているのだという、自己信頼からくる態度です。

 上司が攻撃的だと、こちらは萎縮しがちですが、そういった上司の前で卑屈になると、相手はますます攻撃的になってしまう危険性があります。卑屈な態度にならないよう、気をつけましょう。

ポイント❷　上司の立場を理解する

一方的な自己主張は、反抗的だと受け止められます。「相手の立場を理解した言葉」を添えることを忘れないようにしましょう。

上司の考えに全面的に同意する必要はありません。しかし、上司の思いや熱意、起きたことへの懸念の大きさを理解することで、上司は「自分に反抗しているのではなく、チームのことを考えて発言してくれている」と理解し、高圧的な態度は和らいでくるでしょう。

> 例
> 「課長が今回のミスについて危機感を感じていらっしゃることは、重々承知しています」
> 「マニュアルの作成は、確かに効果的な部分もあると思います」など。

ポイント❸　具体的な代替案を出す

上司の要求に応えられないのであれば、あなた自身から具体的な代替案を出す必要があります。自分としてはこちらの方がベターであり、チーム全体にとっても有益であるという代替案です。

> 例
> 「私としては、マニュアルの作成ではなく、改めて時間を取って新人の指導をしたいと考えていますが、いかがでしょうか」
> 「チーム会議で一度課長から、リスク管理の重要性についてお話をいただくというのはいかがでしょうか」など。

アサーティブに話すためのポイント

アサーティブに話すためのポイント

アサーティブに話すための「ポイント」を、既にでてきたポイントも一部に含めて復習しましょう。すべてを会話に入れ込む必要はありません。どうすればより良く伝わるか、問題を前向きに解決できるかを意識して、話す内容を考えましょう。

ポイント❶　事実の指摘は「人」でなく「事」にフォーカスする

何か問題を伝えるときには、事実を客観的に述べる

**問題を起こしている「人」でなく
起きている「問題」自体に焦点をあてる**

　例えば、作業開始のための発注書の提出が遅れがちな営業部のＡ君に「発注書は早く出しなさい！」とだけ言っても、Ａ君自身が問題ないと思っているとなかなか改善しません。
　「発注書が期限内に出てこないと、お客様からの問い合わせに答えられなくて困るし、お客様の信頼も失ってしまう」という問題（事実）を伝えることで、解決すべき問題の共有ができ、協力関係を築きやすくなります。

> 「○○さんのここが悪い」という話でなく「組織上、□□という問題が生じている」など、組織にとってのデメリットや困っている点を客観的に伝えることで問題点を共有できます。

ポイント❷　感情を言語化する

自分の気持ちを伝えることでよりよく伝わる

**相手を尊重しつつ
自分の気持ちを誠実に伝える**

　例えば、仕事が重なり過ぎていて、同僚や部下にヘルプを頼みたいとき。「これお願い」と頼むのと、率直に「業務が重なっていて本当に困っています。大変申し訳ないのだけど、この仕事を分担してもらえますか」というのでは、受け手の心象は大きく変わります。
　また「怒り」の感情には、その裏に「心配」や「懸念」、「期待していた分、残念」などの気持ちが隠れているので、裏にある感情に気づき、それを伝えるようにします。
　相手を尊重した上で、起きている状況に対して誠実な気持ちを開示することで、話が伝わりやすくなります。

**相手に伝わりやすい
気持ちを開示する言葉**

▶非常に心配している／困っている
▶まずいと思う
▶危惧している／懸念している
▶本当に申し訳ないのですが
▶とても言いづらいことですが

> 「怒り」をそのまま伝えても相手は防御的になってしまうので、裏の感情に気づくことが必要です。

まとめ

ポイント❸ 時と場所を選ぶ

適切なタイミングと場所選びは、成功への近道

**伝える内容に合わせて
タイミング、場所を変える**

　相手にはプライドがありますので、皆の前で、叱責することは極力避けましょう（もちろん密室なら何を言っても良いということではありません）。また、継続した問題や感情的になりそうなときは時間をとって、落ち着いて話せる場所で話しましょう。

　一方で、小さな問題に気づいたときは、なるべくその場で率直に伝える方がさわやかに伝わります。

タイミングと場所の例

- ▶ ご相談したいことがあるので、10分程お時間をいただけますか。
  - ➡ 相手のデスクで
- ▶ 今日の昼食後、少しお時間をとってもらえますか。
  - ➡ 二人で椅子をつきあわせて
- ▶ 今日の仕事が終わったあと、15分程会議室で話をしたいのだけど、大丈夫かな。
  - ➡ 会議室で

ポイント❹ ボディランゲージに気をつける

ボディランゲージをアサーティブにする

**伝えたい内容に
表情や姿勢を一致させる**

　部下に注意する場合や何か大切なことを伝えるときには、必要以上に威圧的になったり、ニコニコしたりすることなく、真剣な態度で伝えます。一方で、目上の人に何かを提案するときには、および腰になったり、遠回しになったりすることなく、よい姿勢で自信を持って話をしましょう。

　態度や表情、声の調子を伝えたい内容と一致させることが大切です。

アサーティブでない態度

- ✕ パワハラを恐れて、必要以上ににこやかに注意。
- ✕ ふんぞり返る。（威圧的な態度）
- ✕ はれものに触るように回りくどい態度。
- ✕ 腕を組む。（防衛的に見える）

相手と対等な関係を築くには、身振りや姿勢にも気をつけます。威圧的でもなく卑屈でもなく、リラックスした態度にします。

ボディランゲージで気をつける点

表情	伝えたいことと表情を一致させます。（真剣な話は真剣な表情で）
姿勢	立っているときも座っているときも背筋を伸ばします。姿勢が堂々としていると自然と自信が出ます。
声	攻撃的なニュアンスや見下しているなどの感じは、声に最も表れます。気持ちを落ち着かせてから話し始めることが大切です。
座る位置 立ち位置	相手を萎縮させたくないとき、何か言いづらいことを言うときには、斜めの位置関係にします。お互い言いづらいときなどは、横並びの方が話しやすくなることもあります。

ポイント❺ 的を絞った具体的で現実的な要求

あいまいさのない具体的な要望を伝える

あいまいな言葉を避け
誰でもわかる具体的な要望を伝える

　前提として、言葉の受け取り方は、人によって大きく異なることを心にとめ、「きちんと」や「ちゃんと」といったあいまいな言葉は避けましょう。意図した通りに伝えるためには、「誰が」「何を」「どうしてほしい」などを具体的に伝える必要があります。

　また、要求は「現実的な内容」でないと意味がありません。あまりに過大な要求やそもそも相手が実行できない要求は、状況次第でパワハラになる可能性も出てきます。

具体的な要求にするために考える5W2H
▶誰が（Who） ▶何を（What） ▶いつまでに（When） ▶どこに（Where） ▶なぜ（Why） ▶どのくらいの分量で（How much） ▶どのようにして（How）

ポイント❻ 相手の立場・状況を理解する

相手の立場や状況、気持ちを代弁する

相手の立場も理解することで
解決の方向が見えてくる

　相手の立場を考え「あなたが○○で大変なのはよくわかります」「あなたが××と考えていることは私も承知しています」など相手を理解した言葉を会話に入れるとスムーズに聞いてもらえることもあります。

　また、相手には相手の考えがあるということを忘れないようにします。「あなたは問題ないと思って△△したのかもしれませんが」などの言葉で相手の気持ちを代弁します。

あなたが多くの仕事を抱えていることは知っています

🌸職場のコミュニケーション お助けポイント

小さな問題のうちに一つずつ対処する

　何か問題があるときに「早め」に伝えることはとても大切なことです。その際、遠まわしな言い方や、態度でわかってもらおうとするのではなく、アサーティブに伝えることを目指しましょう。小さな問題を放置して、問題が大きくなってしまうと、双方が感情的になるリスクが高くなります。なるべく問題が小さいうちに解決を目指しましょう。

　その際、今後（未来志向で）どうしていきたいのかという提案をすることで、問題が解決しやすくなります。変えられるのは、現在と未来だけということを意識しておきましょう。

小さなうちに…

まとめ

ポイント⑦　自分の責任も認める

自分には責任がないかを考える

話し手が責任を認めることで受け手は聞く耳を持つ

　対人関係がうまくいかないと、つい相手のせいにしてしまいがちです。話し手と受け手から成り立つ以上、コミュニケーションはどちらかが100%悪いということはありません。

　例えば、気になっていながら相手に伝えていなかったとき「私もはっきりと言わなかったことを反省している」という一言を添えると、受け手はずっと受け入れやすくなります。

問題だとわかっていながらこれまできちんと話してこなかった自分も悪かった

ポイント⑧　切り出し方と語尾に気をつける

しっかり聞いてもらえる話の切り出し方、終わり方

最初のひとことを大事にする　否定的な言葉から入らない

　立場などが上の人に対して意見するときに、自信のなさなどから「たいしたことではないかもしれませんが」などと否定的な前置きをしてしまうことがあります。そういった言葉は、意見の価値を下げてしまい、聞き手は、本気で聞く気がなくなってしまいます。

　ハラスメントの問題に気づいてほしいときなどには、「大切なことである」と自信を持って伝えましょう。

 たいしたことではないのですが…

 じゃ、聞いてもしょうがないかな。

- 大切だと思うことなので、聞いていただけますか。
- 大事な話なので聞いていただけますか。

 何？ 聞かせて。

語尾まではっきり言い切ることでしっかり伝わる

　遠慮があると「○○も悪くはないと思うのですが…」「していただけたらなぁと思っておりまして…」など、語尾がはっきりしなくなります。アサーティブにわかりやすく伝えるには「私は、○○だと思っています」「ご協力お願いします」のように最後まで言い切りましょう。その方が「すがすがしく」聞こえます。ケンカごしになることなく、自信を持って伝えてみましょう。

目上の人に行動を変えてもらうことを提案するときは、「ご協力をお願いします」など、協力を求めるスタンスで臨みましょう。

ハラスメントのない職場を目指して

ハラスメントのない職場は、誰にとっても働きやすい職場です。それぞれが気をつけると同時に、誰かがまずいことを言ったら、「それはまずいよね」、「それはやめようよ」と声を上げられる職場環境を目指していきましょう。

ハラスメントのない職場は、ストレスも少なく、生産性も高い

職場のハラスメントに対応する
自分で対応する

グレーゾーンのセクハラ的な発言に対して、やめてほしいと感じていれば、さらっと「その発言は、好きではないです」などと伝えましょう。相手が一人であるときに、直接本人に率直に伝えます。なるべく率直にさわやかに。怒りに燃えて反撃したり、ねちっこく責めたりせずに、明るく「サラリ」がポイントです。

あからさまなセクハラ、悪意のあるひどいハラスメント、ハラスメントが繰り返される場合、伝えることで不利益がありそうな場合には、組織の相談窓口や信頼できる上司などに相談しましょう。

サラリと言いたい！ハラスメントを防ぐ言葉
- ▶その言葉、私は好きじゃないです
- ▶その言い方はやめておかない？

など

職場のハラスメントに対応する
自分が加害者になってしまったら

ハラスメントの基準は日々変わっています。昔はOKだったからといって、今もOKということにはなりませんし、「自分」を基準にした判断ではハラスメントは防げません。

「この言葉はだめ」、「これはセーフ」などと考えるのではなく、どんな立場の人と接するときにも、相手を見下すことなく、一人の人間として尊重し、「対等」に向き合う心の姿勢がなにより大切です。

加害者になるつもりはなくても、意図せず、誰かを傷つけてしまう可能性は誰にでもあります。「あなたの発言に傷ついた」と言われたときは、真摯に対応することが原則です。
「あなたの気持ちを傷つけて申し訳なかった。これからは気をつけるね」と、誠実に謝罪した上で、「話してくれてありがとう」と伝えましょう。

職場のハラスメントに対応する
周囲が対応する

ハラスメントの問題に本人が立ち向かうのは難しい場合もあります。周囲の人が気づいたら「それはまずいよ」などと声をかけましょう。

何が問題かが伝わらないときは、P.19のポイント2やP.23の会話例を参考に、組織としての問題点も伝えましょう。

事実をはっきりと指摘し、率直に、対等に、そして思いやりを持って伝えてみてください。

ハラスメントのない職場は職場のみんなでつくる

アサーティブな関係を支える4つの柱

どんなに言葉が丁寧でも、心の中で相手を見下していたり、相手をばかにしていたりすると、それは自然と相手に伝わります。一方で、表現が多少下手でも、真摯な言葉は相手の心を動かします。アサーティブな表現にはスキルやテクニックも確かにありますが、アサーティブな関係を支えているのは、相手と真摯に向き合おうとする心の持ちようであり、マインドこそがハラスメントを予防する土台となるのです。

4つの柱がしっかりしていれば、その上にある言葉は自然とアサーティブなものに

アサーティブな関係を支える❹つの柱

アサーティブな関係を支えているのは、「誠実」「率直」「対等」「自己責任」の4つの柱です。この4つがしっかりすることで、アサーティブなコミュニケーションはブレのないものになります。

誠実

相手に対する思いやりと誠実さを忘れないと同時に、自分自身の感情にも正直であること。これは、ハラスメントを防止するための原点となります。生じている問題に対して、「心配している」「懸念している」などの正直な感情を、相手を責めることなく表現します。この土台があるからこそ、我々のメッセージはまっすぐ相手に伝わっていきます。

率直

その場で伝えずに、ことが大きくなってから伝えようとすると、どうしても感情的になってしまいます。問題が小さいうちに、率直、端的、かつ具体的に伝えましょう。また、「言えばわかる」と思わないように。相手は自分と異なる価値観やバックグラウンドがあるからこそ、本人と向き合って「わかるように言う」「伝わるように話す」必要があるのです。

対等

相手のことを「問題児」「とんでもないやつ」などと心の中で見下していると、それは相手に伝わってしまいます。反対に「どうせ言っても無駄」「相手にはわかるわけがない」など、自分を卑下することも斜に構えることもNGです。自分を尊重すると同時に、相手のことも尊重する。そうした人間として対等に向き合おうとする姿勢が、話し合いを建設的なものにしていきます。

自己責任

相手が100％悪いことも、自分が100％悪いこともありません。どんな問題であっても、自分にも何かしらの責任があります。「重要性を伝えてこなかった」「しっかり向き合ってこなかった」「フォローを十分してこなかった」「どこかで目をつむってきた」など。自分自身の伝えた責任、伝えなかった責任を謙虚に認識することで、双方が協力する土台を作ることができるのです。

著者から

「ハラスメント」という言葉の認知が広がり、「ハラスメントは許されない」という認識も広がってきました。制度や法律が整い、「言葉のNG集」の類もあるようです。とはいえ、実際の現場で相手に腹を立てた時、相手からきつい言葉を受けた時、誰かが傷つけられている場面に遭遇した時の、その場の対応は簡単ではありません。どう対応して良いかわからないまま、私たちは相手を攻撃するか、沈黙するか、見て見ぬふりをしてしまいます。

限りなく黒に近いハラスメントであれば、その場で対応できなくとも誰かに相談することが可能でしょう。ところが、グレーゾーンにあたるハラスメントでは、「これはどうなのかな」と迷い、「これくらい許容されるんじゃないか」という判断の難しさや、対応の難しさのために問題が放置されるケースが多く、その結果、深刻な問題に発展してしまうように思います。

ハラスメントの知識を正しく持ち、職場の制度や体制を整えることが"必要条件"であれば、私たち一人ひとりが日常で正しく行動できることや、人間関係の問題に適切に対応できる力をつけておくことは、"十分条件"ではないかと私は考えています。

どんなに気をつけても、どんなに意識しても、誰かを傷つけてしまうことや傷ついたと感じることはあるでしょう。異なる価値観の人間が働く職場であるからこそ、葛藤や対立は避けられません。傷つくこと／傷つけることを恐れて人間関係に距離を置くのではなく、自分の考えや気持ちを率直に誠実に伝え、人間関係の問題を話し合いで解決するすべを知っておくことが必要なのではないでしょうか。

ハラスメントにあたる発言や行動は問題ですが、本当に問われるのは、ハラスメントに対して私たちがどう向き合い、どう振る舞い、どんな対応をして、未来に対して何をするのか、ということです。職場の人間関係をより良いものにし、ハラスメントのない職場づくりのヒントとして、本書をご活用いただけることを願っています。

NPO法人アサーティブジャパン代表理事
森田汐生

●**著者　森田汐生**（もりたしおむ）

NPO法人アサーティブジャパン　代表理事
岡山県生まれ。一橋大学社会学部卒業。大学在学中にデンマークに留学、その後、イギリス滞在中にアサーティブネスに出会う。大学卒業後、日本社会事業大学研究科で社会福祉士の資格を取得し、1991〜93年、イギリスの地域精神医療団体でソーシャルワーカーとして勤務。その間、ヨーロッパにおけるアサーティブネスの第一人者、アン・ディクソンのもとでトレーナー養成講座を受け、アサーティブネス・トレーナーの資格を取得。帰国後、1999年に国立市に事務所を設立。2004年にNPO法人化。
現在、アサーティブネス・トレーナーとして、全国各地で講演・研修を行っている。

●発行日　2017年11月　第1版　第1刷
　　　　　2022年 9月　第1版　第4刷
●著者　森田 汐生
●発行者　中野 茂季
●発行所　（株）現代けんこう出版
　〒130-0026 東京都墨田区両国1-12-8-502
　Tel:03-3846-1088　Fax:03-3846-1189
　http://www.gendaikenko.co.jp/
●イラスト・マンガ　あまちゃ工房　天野 勢津子
●デザイン　南 由貴
●編集　関根 康二朗　小川 葉子

©Shiomu Morita 2017　　Printed in Japan
本書の全部または一部を無断で複写、複製、デジタル化することを禁じます。落丁・乱丁のときはお取りかえいたします。
ISBN　978-4-905264-17-0